PACTE FONDAMENTAL

DE

L'ASSOCIATION FRATERNELLE DES OUVRIERS ET OUVRIÈRES

DE LA CHEMISERIE.

PACTE FONDAMENTAL

DE

L'ASSOCIATION FRATERNELLE

DES OUVRIERS ET OUVRIÈRES

DE LA CHEMISERIE,

DISCUTÉ ET ADOPTÉ, EN ASSEMBLÉE GÉNÉRALE, LES 24, 27 ET 29 DÉCEMBRE 1848.

Liberté, Egalité, Fraternité, Solidarité.

PARIS.

IMPRIMERIE POUSSIELGUE, RUE DU CROISSANT, 16.

1849.

APPEL

Aux membres de toutes les associations ouvrières

DE LA FRANCE ET DE L'ÉTRANGER.

FRÈRES,

L'association fraternelle des ouvriers et ouvrières de la CHEMISERIE, constituée le **29** décembre **1848**, est aujourd'hui en pleine activité.

De toutes les corporations ouvrières, la nôtre eut évidemment le plus à souffrir du marchandage multiple des entrepreneurs et sous-entrepreneurs de confection, aussi bien que de la concurrence meurtrière des prisons, des couvents, des ouvroirs et autres *institutions de charité*. Il semble, en vérité, que tous les fils et filles de Loyola se soient couverts du masque de la bienfaisance pour venir, chaque jour, prélever sur le travail du pauvre LA DIME que leur avait arrachée 89.

Assez de cette cruelle exploitation ! — Que nos femmes et nos filles comprennent enfin qu'en travaillant pour ces pieuses entreprises, ec sont elles-mêmes qui font à leurs bienfaiteurs l'*aumône* du TIERS environ des prix de main-d'œuvre ! ! ! — On sait, d'ailleurs, à quels sacrifices de conscience elles sont encore soumises pour jouir d'une telle faveur.

Qu'à notre exemple les autres corporations de femmes s'affranchissent donc au plus vite par l'association, mais par l'association *vraie* et non *jésuitique*.

Frères, on l'a dit souvent, il n'y a rien de brutal, de persuasif comme un chiffre. Permettez-nous donc de soumettre à votre appréciation un tableau comparatif des résultats qu'offrent, dans notre profession, d'une part le régime actuel, et d'autre part le régime d'association. Nous prenons pour exemple

la chemise la plus usuelle de magasin, celle
de *quatre francs*.

MATIÈRES PREMIÈRES.	RÉGIME actuel.	RÉGIME d'asso- ciation.
2 mètres 70 centimètres calicot à 60 c. (prix de fabrique), ci.	1 62	1 62
Bénéfices bruts des intermédiaires (com- missionnaires et autres), à 5 0[0, ci, .	» 08	» »
MAIN-D'OEUVRE.		
Blanchissage, ci. . . . . , . .	» 30	» 30
Prélèvement des entrepreneurs et sous- entrepreneurs de confection, le tiers du prix, ci.	» 30	» »
Ouvrières, ci.	» 60	1 »
Bénéfices bruts pour couvrir les frais généraux, etc., ci.	1 10	» 48
Totaux.	4 »	3 40

Ainsi, tout en augmentant de 40 centimes
le prix de main-d'œuvre pour l'ouvrière,
l'association fait jouir le consommateur d'une
réduction de 60 centimes!.... 15 p. 100!!!
— Encore l'ouvrière viendra-t-elle participer
égalitairement aux bénéfices de fin d'année!!!

Mais plus d'intermédiaires inutiles, plus de frais somptueux ; et cependant à chacun le sien : au fabricant TOUT le produit de sa fabrication, au travailleur TOUT le produit de son travail.

Frères, — plus notre corporation a souffert, plus ses ennemis sont dangereux et perfides, — et plus nous espérons que votre concours nous est assuré pour accomplir la mission grandiose que nous a confiée l'Assemblée générale, celle de faire vivre *par le travail* tous les ouvriers et ouvrières de la CHEMISERIE, et de les préserver des inquiétudes du lendemain.

Salut fraternel,

Les directeurs-délégués :

J. LEINEN , A. SOUFLET.

PACTE FONDAMENTAL

DE L'ASSOCIATION FRATERNELLE DES OUVRIERS ET OUVRIÈRES DE LA CHEMISERIE.

TITRE Ier. — *Formation, dénomination et siége de l'association*

'Art. 1er. Il est formé par les présentes une association particulière entre les ouvriers et ouvrières de la CHEMISERIE.

Art. 2. Cette asssociation est purement civile.

Art. 3. Elle est libre, fraternelle et égalitaire.

Art. 4. Elle prend le titre d'*Association fraternelle des ouvriers et ouvrières de la* CHEMISERIE.

Art. 5. Paris sera le siége de l'association. Le local sera ultérieurement choisi par les directeurs-délégués de la corporation.

TITRE II.— *Opérations de l'association.*

Art. 6. L'association se livre exclusivement au *travail ndustriel* des chemises, des caleçons, des gilets de flanelle et autres articles de la CHEMISERIE.

Art. 7. L'association s'interdit toute espèce de négoce et tous actes de commerce.

Art. 8. Si des dépôts de marchandises se rattachant à la spécialité de la chemiserie étaient offerts à l'association, à titre de mandat et à charge de rendre compte aux commettants, la direction est autorisée à traiter des conditions des différents dépôts, mais elle devra tenir pour chacun d'eux une comptabilité distincte.

Elle est également autorisée à prendre avec les clients tels arrangements qu'elle jugera utile, pourvu que ce soit pareillement à titre de simple mandataire.

Art. 9. Les opérations de l'association seront toujours faites au comptant, à moins que, dans des cas exceptionnels, le comité de gérance n'en décide autrement.

TITRE III.— *But et moyens* (1).

Art. 10. L'association a pour but:

D'émanciper le travailleur;

De rapporter au producteur-associé TOUT le produit de son travail;

De perfectionner les produits et de les livrer aux consommateurs aux conditions les plus favorables;

------

(1) Ce titre renferme l'exposé des principes de l'association et des bienfaits qu'on peut en attendre.— En faisant cette déclaration, les ouvriers et ouvrières de la *chemiserie* n'entendent se rattacher à aucune école philosophique ou socialiste; ils veulent seulement indiquer qu'au moyen de l'association, ils augmenteront sensiblement leur bien-être, tout en perfectionnant le travail et en livrant à meilleur marché tous les produits de la spécialité.

De parer, autant que possible aux inconvénients du chômage;

De rendre la vie des travailleurs plus sûre et plus facile.

Art. 11. Elle a pour moyens :

L'égalité devant le travail;

L'écoulement direct des produits;

La réunion des forces et des intelligences, l'émulation et l'abstention d'emprunts *usuraires;*

L'adjuvantisme ou secours fraternels;

La solidarité.

TITRE IV.— *Droits et Devoirs des sociétaires.*

Art. 12. Tous les sociétaires sont sur le pied d'une égalité parfaite.

Ils doivent tous concourir, de tous leurs moyens, au succès de l'association et au bien-être de leurs co-associés.

Ils ont droit, aussi également que possible, aux travaux, aux bénéfices, aux secours fraternels.

Art. 13. Employés au jour, au mois, ou à l'année, sociétaires sont tenus de consacrer tout leur temps aux affaires sociales. S'ils sont aux pièces, ils sont tenus de travailler pour l'association à la première réquisition des directeurs délégués.

Art. 14. Chaque membre s'interdit formellement d'entreprendre ou d'exécuter des travaux analogues à ceux de l'association, sans en faire, dans les vingt-quatre heures, une déclaration expresse à la direction, qui dé—

livrera au sociétaire une autorisation écrite et fixera l'indemnité afférente à l'association sur le prix de ces travaux.

Cette indemnité sera de cinq pour cent au moins et de vingt pour cent au plus; elle sera versée moitié dans la caisse sociale et moitié dans la caisse de secours.

Le sociétaire qui contreviendrait à ces prescriptions serait considéré comme démissionnaire.

Art. 15. Reconnaissant que le droit au travail appartient à tous et à chacun, et que toute association revêtue d'un caractère exclusif est attentatoire à la doctrine de la fraternité, les sociétaires se feront toujours un devoir d'admettre parmi eux, pour y jouir des mêmes avantages, les ouvriers et ouvrières de la France et de l'étranger qui se présenteraient en adhérant au pacte social, pourvu qu'ils soient de la profession, qu'ils le prouvent et que la situation de l'association ne rende pas leur admission absolument impossible.

Art. 16. Toutefois, si les travaux de l'association étaient en souffrance et qu'après avoir fractionné le travail il ne fût plus possible de le diviser encore, les sociétaires les moins nécessiteux, et, après eux, les derniers admis se retireraient momentanément, mais ils n'en conserveraient pas moins leurs droits aux secours fraternels et aux bénéfices, pourvu qu'ils soient toujours prêts à revenir travailler au sein de l'association dès qu'elle les appellera.

Art. **17.** Chaque membre est toujours libre de se retirer de l'association. Réciproquement, chaque membre peut être suspendu et même rayé des cadres, s'il ne se conforme pas aux règlements de l'association.

Si la retraite est volontaire et faite sans autorisation de la direction, l'associé n'aura aucun droit à la répartition des bénéfices.

Si la retraite est due à une cause de force majeure, et si le sociétaire a travaillé un semestre entier depuis le dernier partage, en remplissant les conditions imposées par l'art. 62 du présent pacte, il conservera ses droits à la répartition.

Le sociétaire exclu perdra tous droits aux bénéfices.

Art. **18.** Nul associé ne pourra, qu'après une année révolue depuis sa retraite, se livrer, soit pour son propre compte, soit pour le compte d'autrui, aux opérations désignées dans le titre 2, à peine de 200 fr. de dommages-intérêts envers l'association.

Si le sociétaire est membre de l'un des trois comités, ou s'il est employé au jour, au mois ou à l'année, les dommages-intérêts seront portés à 1,000 francs.

Ils seront portés à 5,000 francs si le contrevenant est directeur-délégué de l'association.

Art. **19.** Tous les sociétaires, hommes et femmes, sont également admissibles aux fonctions sociales, à l'exception toutefois des fonctions de directeur, qui seront, quant à présent, exercées exclusivement par des hommes

L'association n'admet, dans ses choix, aucune autre distinction que celle des vertus et des talents.

Librement élus par l'association, ces différents fonctionnaires doivent être respectés et obéis comme de bons pères de famille.

Art. 20. Les règlements intérieurs, émanés de la direction et des divers comités, sont également obligatoires pour tous les membres de l'association.

Ils peuvent prononcer l'exclusion pour des motifs déterminés.

Les amendes prononcées par ces règlements font accroissement à la caisse de secours.

TITRE V.— *Apprentissage.*

Art. 21. L'association s'interdit momentanément de prendre aucun apprenti de la profession de *chemisier.*

Un projet de règlement spécial sera ultérieurement dressé par la direction et soumis à l'approbation de l'assemblée générale des travailleurs associés.

Ce règlement sera rendu exécutoire au 1er janvier 1850, au plus tard.

TITRE VI.— *Capital social.*

Art. 22. Les admissions dans l'association devant être permanentes, le capital social est indéfini comme le nombre des sociétaires.

Art. 23. Ce capital se compose de la somme totale des *cotisations* fixées à cinquante francs par chaque associé et représentés par autant de titres spéciaux.

Les cotisations pourront être portées à cent francs par le conseil de famille, en raison du développement des opérations de l'association.

Art. 24. Pour faciliter la formation du capital social et permettre à l'association d'attendre la rentrée intégrale des cotisations (art. 28), elle acceptera les *prêts* ou avances à titre gratuit (1) que, par application du dogme de la fraternité humaine et jalouse de concourir au bien-être des travailleurs-associés, toute personne consentirait à lui faire dans les termes de l'art. 29.

Ces prêts ou avances seront pareillement représentés par des titres spéciaux.

TITRE VII. — *Constitution et durée de l'Association.*

Art. 25. L'association est présentement constituée, mais ses opérations ne commenceront que du jour où les cotisations ainsi que les prêts ou avances auront produit un capital numéraire de quinz   moyenne, par chaque sociétaire.

---

(1) Ces prêts sont réglés par les art. 1892 et suiv. du Code civil. Ils ne devront jamais excéder la somme des cotisations dont ils ne sont en réalité que les auxiliaires. D'ailleurs, comme ces prêts ne peuvent être contractés pour moins d'un an, on comprend facilement que l'association sera toujours en mesure de les rembourser, après avoir opéré sur le travail les retenues fixées par l'art. 28 du présent pacte.

Art. 26. La durée de l'association est fixée à quatre-vingt-dix-neuf ans.

A l'expiration de son terme, elle pourra être continuée par ceux des sociétaires, quel qu'en soit le nombre, qui désireraient rester en association.

TITRE VIII. — *Cotisations, prêts ou avances à titre gratuit.*

Art. 27. Les titres de *cotisations* seront nominatifs e tous de cinquante francs. Ils seront extraits d'un livre à souche, numérotés et signés par l'un des directeurs-délégués.

Art. 28. Le montant en sera payable, en totalité ou par à-compte, en espèces ou en travaux, au choix des ouvriers et ouvrières de l'association.

Dans cette alternative, il sera remis à chaque travailleur une feuille spéciale pour marquer les à-comptes versés ou les sommes par lui laissées à chaque paie qu'il recevra. Ces abandonnements ne pourront être inférieurs à dix pour cent.

Le titre ne sera délivré au sociétaire qu'après le paiement intégral de la cotisation et en échange de la feuille dont il était porteur.

Art. 29. Les titres de *prêts* ou avances, à titre gratuit, seront d'une durée annale au minimum et reconnus par des titres extraits d'un livre à souche, numérotés et signés par l'un des directeurs-délégués.

Art. 30. Quelque libéral que soit un semblable contrat, l'association n'en fera pas moins, pendant toute la durée du prêt, *fraternellement et par réciprocité de ser-vices*, une remise de cinq pour cent aux prêteurs sur toutes les commandes qu'ils feront pour leur consomma tion usuelle, mais seulement quand le prêt sera de vingt-cinq francs et au-dessus.

Art. 31. Une remise de cinq pour cent sur leur con-sommation usuelle sera également faite aux associés ou à leurs conjoints.

TITRE IX.— *Administration.*

Art. 32. L'association sera administrée par deux di-recteurs-délégués de la corporation.

Il pourra en être nommé un troisième par l'assemblée générale des sociétaires.

Art. 33. Les directeurs sont élus pour trois années. Ils sont rééligibles.

Art. 34. Trois comités administratifs, ayant des attri-butions distinctes, sont appelés à prêter le concours de leurs lumières et de leur expérience à la direction, sa-voir :

Le comité de gérance,

Le comité du travail et du progrès,

Le comité des secours fraternels.

Art. 35. La réunion de ces trois comités forme le con-seil de famille ou jury de l'association.

Art. 36. Chaque comité se compose de neuf membres, également délégués de la corporation, et qui seront re-nouvelés par tiers tous les six mois. Les sortants, désignés par le sort pour les deux premiers semestres, seront rééligibles.

Art. 37. Les *directeurs* ont, collectivement ou individuellement, les pouvoirs les plus étendus pour administrer l'association et prendre toutes les mesures qu'ils croiront nécessaires ou utiles à sa prospérité.

Ils nomment les chefs d'ateliers, les coupeurs, apprêteurs, comptables et autres employés, fixent les émoluments à allouer à chaque travailleur employé au jour, au mois ou à l'année, fixent pareillement les prix de main-d'œuvre pour les travaux aux pièces.

Ils ont le droit de suspendre les travailleurs jusqu'à décision du conseil de famille qui, seul, pourra prononcer l'exclusion, s'il y a lieu.

Les directeurs-délégués se conformeront, au surplus, dans leur gestion, aux prescriptions du pacte social, lequel tient lieu de loi entre tous les sociétaires, ainsi qu'aux dispositions du code relatives aux sociétés civiles particulières et qui ne seraient pas contraires à l'esprit comme à la lettre de ce pacte (1).

Art 38. Les directeurs auront seuls la signature sociale.

Ils devront toujours faire précéder leur signature de ces mots : *les directeurs-délégués de l'association fraternelle des ouvriers et ouvrières de la* CHEMISERIE.

Il leur est interdit, de la manière la plus formelle, de

____

(1) Voir art. 1841 et suiv. du Code civil,

se servir de la signature sociale pour d'autres affaires que celles de l'association.

Art. 39. Si des emprunts à titre onéreux devenaient nécessaires, ils ne pourraient être contractés, pour le compte de l'association, que sur l'autorisation du conseil de famille.

Sont exceptés les prêts du gouvernement, spécifiés par le décret du 5 juillet dernier, et que les directeurs sont, dès aujourd'hui, autorisés à contracter aux conditions voulues par la loi.

Art. 40. Les actes de la direction, pris en dehors des prescriptions du pacte social, n'engageront en aucune manière l'association. Ils demeureront à la charge personnelle des directeurs ou de celui d'entre eux qui aurait excédé ses pouvoirs.

Art. 41. Le *comité de gérance* a pour mission de surveiller, soit pour lui-même, soit par des commissaires pris dans son sein, les opérations de la direction, de vérifier, toutes les fois qu'il le désire, les caisses, les registres, la correspondance et toutes les valeurs de l'association.

Art. 42. Le comité se réunira, de droit, au siége de la société, le premier lundi de chaque mois. Il se fera rendre compte par ses commissaires de la surveillance exercée pendant le mois écoulé. Les directeurs assisteront à ces réunions, devront fournir tous les renseignements qui leur seront demandés et mettre à la disposition du conseil les livres, registres, balances mensuelles et tous les autres documents nécessaires aux vérifications.

Art. 43. Le comité de gérance devra tenir expressément à ce que la direction ne s'écarte en rien du pacte social. Si la moindre dérogation y était remarquée et qu'il le jugeât convenable, il pourrait convoquer le conseil de famille pour qu'il en fût délibéré.

Art. 44. En cas de décès ou de démission de l'un des directeurs, le comité de gérance devra immédiatement convoquer le conseil de famille, afin de pourvoir à son remplacement provisoire,

Art. 45. Le comité devra tenir à ce qu'il soit fait deux inventaires généraux par année, l'un au trente juin, et l'autre au trente-un décembre.

Art. 46. Ces inventaires généraux devront être arrêtés par la direction et vérifiés par le comité de gérance avant la réunion sémestrielle des membres de l'association.

Art. 47. Consulté par les directeurs, qui voudraient mettre leur responsabilité à couvert, le comité de gérance en devra délibérer, et son avis sera porté sur le registre de ses délibérations.

Art. 48. Le *comité du travail et du progrès* a pour mission de vérifier, soit par lui-même, soit par des commissaires pris dans son sein, le travail des associés, de classer les travailleurs par catégories, et chacun suivant ses capacités, de recevoir les nouveaux modèles, d'apprécier les perfectionnemens, de fixer les primes d'encouragement, eu égard aux bénéfices que ces perfectionnements auront procurés à l'association, et sans que le montant des primes puisse excéder le vingtième des bénéfices généraux.

Art. 49. Le comité se réunira de droit au siége de la société, le premier mardi de chaque mois. Il se fera rendre compte par ses commissaires de l'état des travaux et du résultat de leurs observations. Les directeurs assisteront à ces réunions et devront fournir tous les renseignements qui leur seront demandés.

Art. 50. Le comité devra pareillement délibérer sur toutes les propositions de la direction, et son avis sera porté sur le registre de ses délibérations.

Art. 51. Le *comité des secours fraternels* a pour mission de venir en aide aux membres de l'association qui seraient dans le besoin pour cause de chômage, maladies ou infirmités.

Art. 52. Un fonds spécial est affecté à ce service. Ils e compose des retenues opérées sur le travail et sur les bénéfices de fin d'année, lesquelles ne pourront excéder 2 pour cent et dont le chiffre sera déterminé par le conseil de famille.

Art. 53. Le comité choisira dans son sein des commissaires qui visiteront les malades, s'assureront de la position nécessiteuse des associés et distribueront les secours en nature ou en argent.

Un docteur-médecin pourra être attaché à l'association et mis à la disposition du comité, si le conseil de famille le juge nécessaire. Les honoraires alloués par le conseil seront prélévés sur la caisse des secours fraternels.

Art. 54. Le comité se réunira de droit au siége de la société, le premier mercredi de chaque mois. Il se fera rendre compte par ses commissaires du résultat de leur mission. Les directeurs assisteront à ces réunions, fourniront tous les renseignements qui leur seront demandés, indiqueront et mettront à la disposition du comité le montant des retenues opérées pour cet objet pendant le mois précédent.

Art. 55. Le comité pourra, toutes les fois qu'il le croira utile, faire un appel aux associés pour augmenter la somme des secours fraternels.

Les dons seront volontaires.

Art 56. Il sera tenu pour ce service, une comptabilité spéciale.

Art. 57. Le *conseil de famille* se réunira deux fois par mois au siége de l'association.

Il statuera, comme jury d'honneur et comme tribunal arbitral, sauf appel devant l'assemblée générale des sociétaires, sur toutes les difficultés survenues entre les associés, fonctionnaires ou autres, tant à raison des affaires sociales qu'à raison de toutes discussions particulières.

Il décidera de la légitimité des causes de retraite ou des faits de maladie.

Il prononcera, sur le rapport des directeurs, l'exclusion des ouvriers s'il y a lieu. Il pourra également indemniser, aux frais de l'association ou même aux frais des directeurs, ceux qui auraient été suspendus san motifs légitimes.

Il aura le droit de prononcer la révocation et même l'exclusion de ceux des membres des différents comités qui auraient mérité d'être révoqués et exclus.

Il fixera les émoluments des directeurs. Il pourra les suspendre pour malversation et fautes graves et pourvoir à leur remplacement provisoire en cas de décès ou démission, mais à la charge de convoquer immédiatement tous les sociétaires en assemblée générale pour qu'il en soit délibéré.

Art. 58. L'un des directeurs présidera le conseil de famille, à moins qu'il ne soit lui-même en cause.

En cas d'absence ou d'empêchement des directeurs, le conseil sera présidé par le plus âgé des membres présents.

Toutes les délibérations et décisions du conseil de famille seront portées sur un régistre spécial et obligatoire pour tous les membres qu'elles concernent.

Art. 59. Les délibérations des différens comités et du conseil de famille seront prises à la simple majorité des voix. Celles relatives aux suspensions, révocations et exclusions seront prises à la majorité des deux tiers au moins des membres présents.

Les décisions ne seront valables que si , dans les comités, cinq membres, et dans le conseil quinze membres u moins ont pris part aux délibérations.

Il sera remis à chaque membre un jeton de 25 centimes par heure de présence régulièrement constatée. Les travailleurs aux pièces auront seuls droit à cette indemnité de déplacement.

TITRE X. — *Fonds de réserve et fonds de retenue.*

Art. 60. Il pourra être ultérieurement créé un fonds de réserve et un fonds de retenue sur la proposition soit des directeurs, soit de vingt membres de l'association. (Art. 73.)

La nature, l'importance et la destination de ces fonds seront déterminées par l'assemblée générale des sociétaires.

TITRE XI. — *Des bénéfices.*

Art. 61. Les frais d'administration et les frais généraux réglés, les bénéfices restant nets, suivant l'inventaire général de fin d'année, seront attribués *par une répartition égale* aux travailleurs associés qui auront produit 225 fr. de main-d'œuvre au moins dans le courant d'une année.

Art. 62. Tout sociétaire qui n'aura pas produit ces 225 francs (1) de main-d'œuvre lorsque la société ne lui

---

^t (1) Les chiffres ont été établis de manière à ce que tout associé pût avoir part entière dans la répartition.

eura pas refusé d'ouvrage ou lorsqu'il n'aura pas fait constater sa maladie, et qui cependant aura produit 150 fr. (1), n'aura droit qu'à une demi-part.

Tout sociétaire qui, dans les mêmes conditions, n'aura pas atteint le minimum de 150 fr. ne pourra aucunement prétendre à la répartition.

Tout travailleur qui, admis dans le courant de l'année, aura travaillé pendant un semestre entier pour l'association et produit moitié de l'une des sommes ci-dessus fixées, aura droit à une fraction égale à la moitié de la part revenant au sociétaire qui, dans les mêmes conditions, aura travaillé pendant l'année entière. Mais s'il a travaillé moins d'un semestre, il ne pourra aucunement prétendre aux bénéfices, quel que soit le chiffre de main-d'œuvre qu'il aura produit.

Les sociétaires employés au jour, au mois ou à l'année participeront également aux bénéfices dans les mêmes termes et s'ils remplissent les mêmes conditions.

Dans tous les cas, si le montant de la cotisation n'avait pas été versé intégralement dans le courant de l'année, le surplus serait prélevé sur la part de bénéfices attribuée au sociétaire en retard.

C'est 75 centimes par jour, multipliés par 300 jours de travail ou 225 fr. seulement qu'il devra produire pour atteindre ce résultat.

(1) Ou 50 centimes multipliés par 300 jours de travail.

TITRE XII. — *Retraite, décès, mort civile, interdiction ou déconfiture d'associés.*

Art. 63. La retraite, l'exclusion, le décès, la mort civile, l'interdiction ou la déconfiture de l'un des associés ne pourra, en aucun cas, entraîner la dissolution de l'association, non plus que l'admission de nouveaux sociétaires.

Art. 64. Les héritiers ou ayant-cause d'aucun sociétaire ne pourront jamais exiger d'inventaire et d'apposition de scellés ni provoquer aucune licitation, lors même qu'il y aurait des mineurs ou autres incapables.

Art. 65. La mise sociale et la part de bénéfice afférente au sociétaire ne pourra être exigée qu'une année après la retraite, l'exclusion, le décès, la mort civile, l'interdiction ou la déconfiture régulièrement constatés par les directeurs, sur la déclaration des parties intéressées, à moins cependant que le conseil de famille n'en décide autrement.

Art. 66. L'association est seule réputée propriétaire de tous les objets actifs en dépendant. En conséquence les créanciers particuliers de l'un des associés ne pourront saisir ou discuter ces objets : ils n'auront que la faculté de faire des actes conservatoires sur leurs débiteurs entre les mains des directeurs délégués et seront tenus de s'en rapporter aux comptes arrêtés entre les associés.

TITRE XIII. — *Fin de l'association. Reconstitution.*

Art. 67. Si, à l'expiration de son terme, l'association se trouve continuée, ainsi qu'il a été dit plus hau$_t$ (art. 26), tous les objets actifs qui en dépendront seront attribués à la nouvelle société, ainsi que le fonds de retenue s'il en existe.

Art. 68. Au cas où la société ne serait continuée d'aucune manière par les associés, il serait procédé à une liquidation générale et définitive des affaires sociales, selon les règles du droit civil, et le reliquat actif serait versé dans la caisse centrale des associations ouvrières ou comptoir de travail, pour être appliqué, autant que possible, à l'amélioration du sort des femmes.

TITRE XIV. — *Des assemblées générales.*

Art. 69. Le pouvoir social réside dans l'assemblée générale.

Art. 70. L'assemblée générale des sociétaires aura lieu tous les semestres dans les mois de juillet et de janvier de chaque année.

Toutes convocations seront faites par la publication dans deux journaux des plus répandus, et les publications devront précéder de quinze jours celui fixé pour la réunion.

Art. 71. Nul ne pourra faire partie de l'assemblée générale s'il ne s'est écoulé plus d'un semestre depuis son admission dans l'association.

Chaque sociétaire, pour entrer dans la salle des réu-

nions, devra présenter une carte délivrée par la direction
et portant le numéro d'ordre du sociétaire.

Art. 72. Les directeurs présenteront à l'assemblée générale l'inventaire semèstriel et feront un rapport sur la
situation de la société.

L'approbation de l'assemblée vaudra décharge des actes de la direction.

Art. 73. Toute proposition appuyée par plus de vingt
sociétaires pourra être discutée en assemblée générale.

Art. 74. L'assemblée générale statuera en outre
comme tribunal arbitral et en dernier ressort, sur l'appel de toutes décisions émanées des directeurs, des comités ou du conseil de famille.

Art. 75. Les délibérations de l'assemblée générale seront prises à la simple majorité des voix exprimées.

Les révocations ou exclusions ne pourront être prononcées qu'à la majorité des deux tiers des membres présens. Il en sera de même pour les changements,
modifications, additions ou suppressions à apporter au
pacte fondamental de l'association.

Art. 76. Il sera dressé sur un registre spécial procès-
verbal de chaque réunion signé par les membres du
bureau et les directeurs délégués de l'association, et les
délibérations prises en assemblée générale deviendront
obligatoires pour tous les sociétaires présents ou non
présents.

TITRE XV.— *Dispositions particulières.*

Art. 77. Sont nommés aux fonctions de directeurs-délégués de l'association, par l'assemblée générale de ce jour, les citoyens A. Souplet et J. Leinen.

Art. 78. Sont également nommés par l'assemblée gérale de ce jour, aux fonctions de membres du *comité de gérance*, les citoyennes Lebrun, Périn, Raux, Gouin, Bénard, Chenard, Froment, et les citoyens Roussel et Griélens.

Art. 79. Dans la plus prochaine assemblée générale‘ il sera procédé à l'élection des membres du *comité du travail et du progrès*, et de ceux du *comité des secours fraternels.*

Jusqu'à cette élection, leurs fonctions seront remplies par les membres du comité de gérance, à qui les sociétaires confèrent tous pouvoirs à cet égard.

Art. 80. Chaque sociétaire déclare que le présent pacte fondamental, discuté en assemblée générale, les 24, 27 et 29 décembre courant, et adopté à l'unanimité dans cette dernière séance, renferme l'expression des volontés collectives de tous les membres de l'association, et qu'il sera exécuté de bonne foi par chacun d'eux.

Chaque sociétaire déclare également renoncer de la manière la plus expresse à tous droits et exceptions que les lois françaises pourraient établir en sa faveur, contrairement aux dispositions ci-dessus.

Art. 81. Le présent pacte sera, en temps utile, soumis aux formalités de l'enregistrement par les directeurs,

qui pourront également en opérer le dépôt chez un no-
taire dès qu'ils le jugeront convenable.

Fait, en autant d'originaux qu'il y a de parties con-
tractantes, à Paris, ce vingt-neuf décembre mil huit
cent quarante-huit.

(Suivent les signatures.)

Pour copie conforme :

*Les directeurs-délégués de l'Association frater-
nelle des ouvriers et ouvrières de la chemiserie,*

A. SOUPLET.   J. LEINEN.